In 27/16807

NOTICE

SUR

SAINT QUENTIN, MARTYR,

ET

OFFICES

POUR LE 31 OCTOBRE

ET AUSSI POUR LE 2 MAI.

AMIENS,

IMPRIMERIE DE LENOEL-HEROUART,

IMPRIMEUR-LIBRAIRE DE MONSEIGNEUR L'ÉVÊQUE,

RUE DES RABUISSONS, 10.

—

1854.

Nihil obstat, imprimatur.

Ambiani, die 28 *Aprilis* 1854.

C. DE LADOUE,

Vic. gen.

NOTICE

SUR

SAINT QUENTIN.

——

Saint Quentin naquit à Rome dans le troisième siècle. Il était fils de Sénateur ; son père s'appelait Zénon. Chrétien fervent, et dévoré du zèle de gagner des adorateurs au Dieu véritable, il mérita de devenir un apôtre. Prenant donc avec lui St. Lucien, St. Fuscien, St. Victorice et huit autres compagnons, tous de la Noblesse romaine, tous brûlant d'une même et incroyable ardeur, celle de prêcher Jésus-Christ aux infidèles, il s'achemina vers le lieu de sa mission, la Gaule Belgique. Arrivés dans cette province, les nouveaux apôtres se partagèrent les peuples que chacun aurait à évangéliser ; Quentin garda pour lui-même la ville d'Amiens, cité éminente entre toutes les autres. Il y travailla d'abord quelque temps en compagnie de Lucien, mais bientôt, détachant de lui ce dernier compagnon pour l'envoyer prêcher la foi à Beauvais, il resta seul à enseigner Jésus-Christ aux habitants d'Amiens. Sa parole et ses miracles les convertirent en foule. A cette double prédication, il joignit les jeûnes et les prières, recommandant ainsi au Seigneur et le troupeau qu'il venait de lui enfanter, et le grand combat que lui-même allait avoir à soutenir.

En effet, au premier bruit des succès de Quentin, le Préfet des Gaules, l'implacable persécuteur du christianisme dans ces contrées, Rictiovare vole à Amiens. Le jour même notre Saint est saisi et jeté en prison. Le lendemain, le président montait sur son tribunal, et le prisonnier comparaissait devant lui ; mais c'était pour y confesser hautement, pour y prêcher librement Jésus-Christ. En présence de tant de résolution, le juge essaie d'abord la séduction de la douceur et des caressantes promesses, puis il passe à la terreur et aux menaces, pour que, renonçant à sa foi, le Confesseur embrasse le culte des idoles. Enfin, quand il voit que promesses et menaces sont vaines, il se déclare tout-à-fait, et son premier acte est de condamner Quentin à une honteuse et cruelle flagellation.

Cette sentence comblait les vœux de l'Apôtre. Au milieu donc des coups et des fouets, il rendait grâces à Dieu, et il méritait de sentir la divine assistance, d'entendre une voix céleste l'encourager par ces mots : *Quentin, sois ferme et courageux, je suis avec toi.* Les bourreaux aussi ont entendu la voix, elle les a renversés par terre, ils s'écrient qu'ils sont en proie à des douleurs horribles, ils implorent l'assistance de Rictiovare. Souffrira-t-il que, sous ses yeux, ils soient victimes de leur obéissance ? Ce Préfet exaspéré s'emporte en cris de fureur, il prétend que Quentin opère tous ces prodiges par le secours de la magie, il le fait de nouveau garotter et enfermer dans un cachot plus obscur, avec défense qu'aucun chrétien puisse l'approcher et lui porter des consolations.

Mais voici que la nuit suivante un Ange du Seigneur apparut au Captif. Le messager céleste lui commandait de venir lui-même consoler son peuple, le confirmer dans la foi, et le purifier par le saint baptême. Quentin s'éveille, il est debout, il suit l'Ange, et le voilà hors de la prison. Il arrive au milieu de la ville, et bientôt il est entouré d'une immense affluence de peuple accouru au bruit d'un tel miracle. Il parle, et près de six cents hommes grossissent le nombre des croyants. Cependant les gardes s'étonnaient de ne plus voir Quentin. La prison est restée fermée, et il a disparu ! Aussitôt ils se sont dispersés et mis à sa recherche. Ils le trouvent haranguant la foule. A cette vue eux aussi croient, eux aussi confessent hautement Jésus-Christ, et, témoins fidèles, ils reportent tout ce qui s'est passé à Rictiovare. A ce récit, le persécuteur frémit de rage, il accuse les gardes d'imposture ; toutefois renonçant pour un moment aux supplices, il se flatte d'attaquer et de vaincre à force d'artifices et de ruses.

Mais quand il se voit trompé dans ses calculs, sa cruauté, revenue à elle-même, ne connaît plus de bornes. Il commande d'attacher le Martyr à des poulies, et de tirer tous ses membres de manière à les disloquer et à les faire sauter de leurs jointures. Il commande de le déchirer à coups de verge de fer. Il commande d'arroser les plaies de son corps en lambeaux avec de l'huile, de la poix et de la graisse fondues. Peu content de ces atrocités, il commande enfin d'appliquer et d'entretenir à ses deux côtés des torches brûlantes. Mais tous ces feux n'étaient rien en comparaison des feux de l'Esprit divin qui embrasaient ce cœur magnanime. Les ardeurs de la charité triomphaient aisément des ardeurs du dehors. A entendre l'invincible Martyr, il estimait, il goûtait les flammes dévorantes, comme autant de rafraîchissements délicieux.

Le Préfet l'a entendu, il jure que les parties intérieures de son corps auront aussi leur torture, qu'il portera la douleur jusqu'au fond de son être. Pour cela, il lui fait verser lentement dans la bouche un horrible mélange de chaux vive, de moutarde et de vinaigre. Nouvelle déception ! Lorsque Quentin eut goûté l'affreux breuvage, il protesta qu'il le trouvait doux au palais comme le miel le plus pur. Alors le Préfet éclate en épouvantables menaces ; il s'écrie qu'il va l'envoyer tout enchaîné, tout garotté, à

Rome même, auprès des Empereurs, pour y subir une mort horrible dans d'horribles supplices. *Aller à Rome, répondit Quentin, n'est pas ce qui m'épouvante, car je sais, à n'en pas douter, que Dieu y sera avec moi, comme il est ici en ce moment. Et pourtant, j'ai la confiance de mettre fin à mon combat dans cette Province.*

En effet, il arriva que la présence du Préfet était alors nécessaire à Augusta de Vermandois, aujourd'hui la ville de St. Quentin. Il enjoignit donc de mener le Saint dans cette ville, ou plutôt de l'y traîner sous le poids de ses fers. Mais rien ne pouvait ébranler ce courage inébranlable. Tel il avait été à Amiens, tel il reparut devant le tyran. Comme il persévérait toujours avec la même constance dans la confession de la vraie foi, on prit deux barres de fer longues et aiguës, deux espèces de broches, appelées taringues et apprêtées à dessein, et, sous les yeux de Rictiovare, on les fit entrer dans la chair du Martyr depuis les épaules jusqu'aux cuisses, transperçant ainsi tout son corps ; puis on lui enfonça des clous à l'extrémité de tous les doigts. Enfin, cédant à l'avis de Sévérus Honoratus, son conseiller, le Préfet le condamna à avoir la tête tranchée, et ce supplice mit fin à son long martyr le 31 Octobre 287.

Au moment même où la Victime fut immolée, on vit sa bienheureuse âme, sous la forme d'une blanche colombe, s'envoler au ciel. Quand à son corps, pour le dérober au culte et à la connaissance des fidèles, on lui attacha étroitement une lourde masse de plomb, et, la nuit à la faveur des ténèbres, il fut jeté au fond de la Somme dont les eaux baignent la ville.

Le corps de l'illustre St. Quentin resta ainsi cinquante-cinq ans enseveli dans le fleuve, jusqu'à ce qu'il plut à Dieu de glorifier son Serviteur. Ce fut une Dame romaine, nommée Eusébie, qui fut choisie pour le révéler à la terre. En récompense de sa foi et de cette miraculeuse Invention , cette Dame recouvra soudainement l'usage de la vue dont elle avait été privée durant neuf ans. Elle avait trouvé ce précieux Corps intact et exempt de toute corruption , elle lui donna une honorable sépulture sur une colline près de la ville, et, par ses soins, une petite Chapelle couronna le glorieux tombeau.

En peu de temps, la Chapelle devint une Basilique ; mais bientôt aussi, au cinquième siècle, parurent les Huns et les Vandales, si connus par leurs dévastations. Ils ruinèrent, ils désolèrent tellement cette Eglise, que le sépulcre même de St. Quentin se perdit et demeura inconnu. Cependant un trésor si précieux ne pouvait pas rester toujours enfoui. Il était réservé à St. Eloi de le manifester de nouveau à la piété des fidèles. On sait que le Pontificat de ce bienheureux Evêque du Vermandois et de Noyon, est justement célèbre par la découverte de nombreuses reliques de Saints. Or, dès le commencement de son Episcopat, il se sentit pressé d'un désir tout particulier de rechercher et de rendre aux peuples le glorieux Martyr de Dieu, St. Quentin. A cette fin, que de fois on le vit s'acheminer vers le sanctuaire en ruines ! Que de fois on le vit, avec une sagacité admirable sonder le pavé en tous sens ! Après de longues et vaines tentatives, il a recours au Ciel, il ordonne un jeûne public de trois jours, et lui-même, prosterné devant la divine Majesté, fait vœu avec larmes et avec prières de ne prendre aucun aliment, avant que le plus grand de ses désirs ne soit accompli.

En même temps les travailleurs se mettaient à l'ouvrage, les investigations étaient poussées avec un surcroît d'ardeur et d'habileté sur plusieurs points de l'Eglise, mais sans plus de résultat. Alors le pieux Evêque désigne à l'attention générale un endroit qu'on n'aurait jamais soupçonné de pouvoir recéler le sacré dépôt. Aussitôt les fouilles se concentrent dans ce lieu; la terre est creusée à dix pieds de profondeur. L'espoir fuit encore une fois les ouvriers découragés. Déjà la troisième nuit touchait à sa fin, les lampes et les cierges éclairaient les derniers travaux, St. Eloi saisit lui-même une pioche, il descend dans la fosse, il incline et creuse légèrement sur un des côtés. Tout-à-coup il rencontre un cercueil très-ancien, il frappe et le cercueil est percé, et il s'en échappe une odeur si agréable et un torrent de lumière si grand, que St. Eloi lui-même peut à peine les supporter.

Il a donc trouvé le Saint Corps, objet de ses recherches; le Ciel lui défend d'en douter! Alors il le baise avec des larmes de joie, et il le retire du sein de la terre. Il en détache quelques reliques pour grossir son trésor: ce sont plusieurs dents du Martyr qu'il destine à la guérison des malades, et dont une, en l'arrachant, laisse échapper de sa racine une goutte de sang frais et vermeil; ce sont des clous d'une grandeur prodigieuse, retrouvés dans sa tête et dans différents autres membres; ce sont enfin ses cheveux, restes sacrés, échappés à la corruption du tombeau. Ensuite il enveloppa le Corps dans un drap de soie, et le plaça derrière l'Autel. Bientôt après, il le recouvrait d'une Châsse magnifique, ouvrage merveilleux que ses propres mains avaient travaillé, et tout étincelant d'or, d'argent et de pierreries. Enfin il agrandit l'Eglise, dépositaire d'une si grande richesse, et, comme dans tous les sanctuaires embellis par St. Eloi, le Seigneur se plut à y multiplier les miracles et les prodiges.

Pour compléter l'historique des reliques de St. Quentin, nous dirons qu'en l'année 1228, le deuxième jour du mois de Mai, le Corps de l'illustre Martyr fut levé de l'endroit où l'avait déposé St. Eloi, pour être placé dans la partie la plus apparente du Chœur de l'Eglise, avec le corps d'un autre Martyr, son compagnon d'apostolat, St. Victorice, et celui de St. Cassien, Evêque d'Autun.

Enfin, quelques années plus tard, en 1257, les saintes Reliques furent transférées de l'ancienne Basilique dans la nouvelle, en présence de St. Louis, Roi de France, et des grands du Royaume. On les déposa en grand honneur sur le Maitre-Autel. C'est là que depuis cette époque, elles voient se succéder sans interruption le pieux concours des peuples toujours ardents à les visiter et à les honorer.

NOTA. La tradition devait suivre St. Quentin dans son long voyage d'Amiens à Augusta de Vermandois. Elle l'a fait, et, pieuse gardienne, elle redit et perpétue fidèlement les souvenirs merveilleux dont il a marqué plusieurs de ses pas. Ici, à Bayonvillers, c'est le seigneur du lieu qui guérit miraculeusement de la lèpre, en revêtant un des habits du saint Martyr. Là, à Quiquery, c'est une fontaine où il se désaltéra, et dont les eaux reçurent le pouvoir surnaturel de guérir toutes les maladies d'enflure. Plus loin enfin, à Marteville, où furent forgées les deux broches qui préludèrent à sa mort, c'est une vertu toute contraire laissée dans ce lieu : aucun maréchal n'oserait s'y établir, sous peine de mourir bientôt de quelqu'une de ces mêmes maladies d'enflure, qu'ailleurs St. Quentin est si puissant à guérir.

1*

Veni, Creátor Spíritus, Mentes tuórum vísita, Imple supérna grátia, Quæ tu creásti, péctora.

Qui díceris Paráclitus, Altíssimi donum Dei, Fons vivus, ignis, cáritas, Et spiritális únctio.

Tu septifórmis múnere, Dígitus patérnæ déxteræ, Tu rite promíssum Patris, Sermóne ditans gúttura.

Accénde lumen sénsibus, Infúnde amórem córdibus; Infírma nostri córporis, Virtúte firmans pérpeti.

Hostem repéllas lóngiùs, Pacémque dones prótinùs, Ductóre sic te prævio, Vitémus omne nóxium.

Per te sciámus da Patrem, Noscámus atque Fílium, Teque utriúsque Spíritum, Credámus ómni témpore.

Doxol. pour le 31 octobre.

Deo Patri sit glória, Ejúsque soli Fílio Cum Spíritu Paráclito, Nunc et per omne séculum

Doxologie pour le 2 mai.

Deo Patri sit glória, Et Filio *qui* à mórtuis Surréxit, ac Paráclito, In seculórum sécula. Amen.

℣. Emíttes, Spíritum tuum et creabúntur (all.);

℟. Et renovábis fáciem terræ (allelúia).

ORÉMUS.

Deus, qui corda fidélium Sancti Spíritûs illustratióne docuísti : da nobis in eódem Spíritu recta sápere et de ejus semper consolatióne gaudére; Per.

SAINT QUENTIN,

OFFICES DU 31 OCTOBRE.

AUX I. VÊPRES.

Comme aux II. Vêpres, page 15, excepté ce qui suit :

Le dernier Psaume sera :
Laudate Dóminum, omnes gentes : * laudáte eum, omnes pópuli.

Quóniàm confirmáta est super nos misericórdia ejus, * et véritas Dómini manet in ætérnum.

Glória Patri.

℣. Glória et honóre coronásti eum, Dómine.

℟. Et constituisti eum super ópera mánuum tuárum.

A Mag. *Ant.* Iste sanctus pro lege Dei sui certávit usque ad mortem, et à verbis impiórum non tímuit : fundátus enim erat supra firmam petram.

L'Oraison de la Messe.
Mémoire du Dimanche.

A LA MESSE.

INTROÏT.
Lætabitur justus in Dómino, et sperábit in eo : et laudabúntur omnes recti corde. *Ps.* Exáudi, Deus, oratiónem meam, cum déprecor : à timóre inimíci éripe ánimam meam. ℣. Glória...

Kyrie, eléison. *3 fois.*
Christe, eléison. *3 fois.*
Kyrie, eléison. *3 fois.*

Gloria in excélsis Deo, et in terrâ pax homínibus bonæ voluntátis. Laudámus te. Benedícimus te. Adorámus te. Glorificámus te. Grátias ágimus tibi propter magnam glóriam tuam. Dómine Deus, Rex cœléstis, Deus Pater omnipotens; Dómine Fili unigénite, Jesu Christe. Dómine Deus, Agnus Dei, Fílius Patris; Qui tollis peccáta mundi, miserére nobis. Qui tóllis peccáta mundi, súscipe deprecatiónem nostram. Qui sedes ad déxteram Patris, miserére nobis. Quóniàm tu solus Sanctus, Tu solus Dóminus, Tu solus Altíssimus, Jesu Christe, Cum sancto Spíritu, in glória Dei Patris. Amen.

ORÉMUS.

Deus, qui nos beáti Quintíni Mártyris tui ministério Ecclésiæ tuæ misericórditer aggregásti, quæsumus, ut ejus méritis et précibus, fidem quam nobis annuntiávit, piis opéribus profiténtes, cœléstis étiam glóriæ quam torméntis pro confessióne tui nóminis proméruit, fácias nos esse partícipes; Per Dóminum.

Léctio Epístolæ beáti Pauli Apóstoli àd Timótheum.

Charissime; Memor esto Dóminum Jesum Christum resurrexísse à mórtuis ex sémine David, secúndùm Evangélium meum, in quo labóro usque ad víncula, quasi male óperans; sed verbum Dei non est álligátum. Ideo ómnia sustinéo propter eléctos; ut et ipsi salútem consequántur, quæ est in Christo Jesu, cum glória cœlésti. Tu autem assecútus es meam doctrínam, institutiónem, propósitum, fidem, longanimitátem, dilectiónem, patiéntiam, persecutiónes, passiónes; quália mihi facta sunt Antiochíæ, Icónii et Lystris; quales persecutiónes sustínui, et ex ómnibus erípuit me Dóminus. Et omnes qui pie volunt vívere in Christo Jésu, persecutiónem patiéntur.

Grad. Justus, cum cecíderit, non collidétur; quia Dóminus suppónit manum suam. ℣. Tota die miserétur et cómmodat : et semen ejus in benedictióne erit. Allelúia, allel. ℣. Qui séquitur me, non ámbulat in ténebris, sed habébit lumen vitæ ætérnæ. Allelúia.

Sequéntia sancti Evangélii secúndùm Matthæum.

In illo témpore; Dixit Jesus discípulis súis :

Si quis vult post me veníre, ábneget semetípsum, et tollat crucem suam, et sequátur mě. Qui enim volúerit ánimam suam salvam fácěrě, perdet eam : qui autem perdíderit ánimam suam propter me, invéniet ěam. ¿ Quid enim prodest hómini, si mundum univérsum lucrétur, ánimæ vero suæ detriméntum patiátur ? ¿ Aut quam dabit homo commutatiónem pro ánima sua ? Fílius enim hóminis ventúrus est in glória Patris sui cǔm Angelis suis : et tunc reddet unicǔíque secúndum ópera ejus.

Credo in unum Deum, Patrem omnipoténtem, factórem cœli et terræ, visibílium ómnium et invisibílium ; Et in unum Dóminum Jesum Christum, Fílium Dei unigénitum ; Et ex Patre natum ante ómnia sécula. Deum de Deo, lumen de lúmine, Deum verum de Deo vero. Génitum non factum, consubstantiálem Patri, per quem ómnia facta sunt. Qui propter nos hómines, et propter nostram salútem descéndit de cœlis. Et incarnátus est de Spíritu sancto ex María Vírgine : ET HOMO FACTUS EST. Crucifíxus étiam pro nobis sub Póntio Piláto, passus et sepúltus est : Et resurréxit tértia die, secúndum scriptúras : Et ascéndit in cœlum, sedet ad déxteram Patris : Et íterum ventúrus est cum glória judicáre vivos et mórtuos ; cujus regni non erit finis. Et in Spíritum sanctum Dóminum, et vivificántem ; qui ex Patre Filióque procédit. Qui cum Patre et Fílio simul adorátur et conglorificátur ; qui locútus est per Prophétas. Et Unam, Sanctam, Cathólicam et Apostólicam Ecclésiam. Confíteor unum Baptísma in remissiónem peccatórum. Et expécto resurrectiónem mortuórum, Et vitam ventúri séculi. Amen.

Pendant l'Offrande, s'il n'y a pas de musique, on chante la Prose, page 27.

Offert. Posuísti, Dómine, in cápite ejus corónam de lápide pretióso : vitam pétiit à te, et tribuísti ei, allelúia.

1**

Sec. Sacrifícium nostrum quod tibi offérimus, Dómine, majestáti tuæ reddat accéptum beáti Quintíni Mártyris tui gloriósa intercéssio : qui gratum sui córporis pro tui nóminis confessióne óbtulit holocáustum; Per Dóminum.

PRÉFACE.

VERÈ dignum et justum est, æquum et salutáre, nos tibi semper et ubíque grátias ágere, Dómine sancte, Pater omnípotens, ætérne Deus, per Christum Dóminum nostrum : per quem majestátem tuam laudant Angeli, adórant Dominatiónes, tremunt Potestátes ; Cœli cœlorúmque Virtútes ab beáta Séraphim sócia exultatióne concélebrant. Cum quibus et nostras voces ut admítti júbeas deprecámur, súpplici confessióne dicéntes :

Autre Préface, s'il est Dimanche.

VERÈ dignum et justum est, æquum et salutáre, nos tibi semper et ubíque grátias ágere, Dómine sancte, Pater omnípotens, ætérne Deus ; Qui cum Unigénito Fílio tuo et Spíritu sancto unus es Deus, unus es Dóminus, non in uníus singularitáte persónæ, sed in uníus Trinitáte substántiæ. Quod enim de tuâ glóriâ, revelánte te, crédimus; hoc de Fílio tuo, hoc de Spíritu sancto, sine differéntia discretiónis sentímus; ut in confessióne vóræ sempiternæque Deitátis, et in persónis propriétas, et in esséntia únitas, et in Majestáte adorétur æquálitas. Quem laudant Angeli atque Archángeli, Chérubim quoque ac Séraphim, qui non cessant clamáre quotídie, una voce dicéntes :

SANCTUS, Sanctus, Sanctus Dóminus Deus Sábaoth. Pleni sunt cœli et terra glória tua : Hosánna in excélsis.

A l'Elévation de l'Hostie.

O Jésus, mon Sauveur, vrai Dieu et vrai homme, je crois que vous êtes réellement présent dans cette sainte Hostie, et je vous y adore de tout mon cœur.

A l'Elévation du Calice.

O PRÉCIEUX Sang, qui avez été répandu pour la rémission de mes péchés, je vous adore. Faites, Seigneur, que je sois toujours prêt à répandre mon sang pour votre gloire.

Après l'Elévation.

BENEDICTUS qui venit in nómine Dómini. Hosánna in excélsis.

O SALUTARIS Hóstia, Quæ cœli pandis óstium, Bella premunt hostília, Da robur, fer auxílium.

ORÉMUS.

PRÆCEPTIS salutáribus móniti, et divína institutióne formáti, audémus dícere : Pater noster, qui es in cœlis, sanctificétur nomen tuum, advéniat regnum tuum, fiat volúntas tua, sicut in cœlo et in terra. Panem nostrum quotidiánum da nobis hódie, et dimítte nobis débita nostra, sicut et nos dimíttimus debitóribus nostris; et ne nos indúcas in tentatiónem.

R̃. Sed líbera nos à malo.

AGNUS Dei, qui tollis peccáta mundi, miserére nobis.

Agnus Dei, qui tollis peccáta mundi, miserére nobis.

Agnus Dei, qui tollis peccáta mundi, dona nobis pacem.

Comm. Qui mihi minístrat, me sequátur; et ubi sum ego, illic et minister meus erit.

POSTCOMMUNION.

QUÆSUMUS, Dómine, Deus noster, ut quos ad agnitiónem tui nóminis, beáti Mártyris Quintíni invícta in passiónibus constántia addúxit, ejus válida intercessióne, in fide stábiles veneránda córporis et sánguinis Fílii tui sacraménti suscéptio, in tuo semper obséquio et amóre fáciat perseveráre; Per Dóminum.

AUX II. VÊPRES.

1re *Ant.* Qui me conféssus fúerit * coram homínibus, confitébor et ego eum coram Patre meo.

1er PSAUME.

DIXIT Dóminus Dómino meo : * Sede à dextris meis.

Donec ponam inimícos

tuos : * scabéllum pedum tuórum.

Virgam virtútis tuæ emíttet Dóminus ex Sion:* domináre in médio inimicórum tuórum.

Tecum princípium in die virtútis tuæ, in splendóribus Sanctórum : * ex útero antè lucíferum génui te.

Jurávit Dóminus et non pœnitébit eum : * Tu es Sacérdos in ætérnum secúndùm órdinem Melchísedech.

Dóminus à dextris tuis:* confrégit in die iræ suæ reges.

Judicábit in natiónibus, implébit ruínas ; * conquassábit cápita, in terrà, multórum.

De torrénte in viâ bibet : * proptéreà exaltábit caput. Glória...

Ant. Qui me conféssus fúerit coram homínibus, confitébor et ego eum coram Patre meo.

2ᵉ *Ant.* Qui séquitur me, * non ámbulat in ténebris, sed habébit lúmen vitæ, dicit Dóminus.

2ᵉ PSAUME.

Confitébor tibi, Dómine, in toto corde meo : * in concílio justórum, et congregatióne.

Magna ópera Dómini, * exquisíta in omnes voluntátes ejus.

Conféssio et magnificéntia opus ejus , * et justítia ejus manet in séculum séculi.

Memóriam fecit mirabílium suórum miséricors et miserátor Dóminus : * escam dedit timéntibus se.

Memor erit in séculum testaménti sui : * virtútem óperum suórum annuntiábit pópulo suo.

Ut det illis hæreditátem géntium , * ópera mánuum ejus , véritas et judícium.

Fidélia ómnia mandáta ejus , confirmáta in séculum séculi ; * facta in veritáte et æquitáte.

Redemptiónem misit pópulo suo ; * mandávit in ætérnum testaméntum suum.

Sanctum et terríbile nomen ejus : * inítium sapiéntiæ timor Dómini.

Intelléctus bonus ómnibus faciéntibus eum : * laudátio ejus manet in séculum séculi. Glória...

Ant. Qui séquitur me, non ámbulat in ténebris, sed habébit lumen vitæ, dicit Dóminus.

3º *Ant.* Qui mihi minístrat, me sequátur : et ubi ego sum, illìc sit et miníster meus.

3e PSAUME.

BEATUS vir qui timet Dóminum ; * in mandátis ejus volet nimis.

Potens in terrà erit semen ejus : * generátio rectórum benedicétur.

Glória et divítiæ in domo ejus, * et justítia ejus manet in séculum séculi.

Exórtum est in ténebris lumen rectis ; * miséricors, et miserátor et justus.

Jucúndus homo qui miserétur et cómmodat : dispónet sermónes suos in judício ; * quià in æternum non commovébitur.

In memóriâ ætérnâ erit justus : * ab auditióne malà non timébit.

Parátum cor ejus speráre in Dómino, confirmátum est cor ejus : * non commovébitur donec despíciat inimícos suos.

Dispérsit, dedit paupéribus : justítia ejus manet in séculum séculi, * cornu ejus exaltábitur in glóriâ.

Peccátor vidébit et irascétur, déntibus suis fremet et tabéscet ; * desidérium peccatórum períbit. Glória...

Ant. Qui mihi minístrat, me sequátur : et ubi ego sum, illìc sit et miníster meus.

4e *Ant.* Si quis mihi ministráverit, * honorificábit eum Pater meus, qui est in cœlis, dicit Dóminus.

4e PSAUME.

LAUDATE púeri, Dóminum , * laudáte nomen Dómini.

Sit nomen Dómini benedíctum , * ex hoc nunc et usque in séculum.

A solis ortu usque ad occásum , * laudábile nomen Dómini.

Excélsus super omnes gentes Dóminus , * et super cœlos glória ejus.

Quis sicut Dóminus Deus noster , qui in altis hábitat, * et humília respicit in cœlo et in terrâ ?

Súcitans à terrà ínopem , * et de stércore érigens páuperem.

Ut cóllocet eum cum princípibus , * cum princípibus pópuli sui.

Qui habitáre facit stérilem in domo, * matrem filiórum lætántem. Gl.

Ant. Si quis mihi ministráverit, honorificábit eum Pater meus, qui est in cœlis , dicit Dóminus.

5e *Ant.* Volo, Pater, *
ut ubi ego sum, illic sit
et miníster meus.

5e PSAUME.

CRÉDIDI, propter quod
locútus sum : * ego au-
tem humiliátus sum ni-
mis.

Ego dixi in excéssu
meo : * Omnis homo men-
dax.

Quid retríbuam Dómi-
no * pro ómnibus quæ
retríbuit mihi ?

Cálicem salutáris ac-
cípiam, * et nomen Dó-
mini invocábo.

Vota mea Dómino red-
dam coram omni pópulo
ejus : * pretiósa in conspéctu Dómini mors sanc-
tórum ejus.

O Dómine, quià ego
servus tuus : * ego servus
tuus, et fílius ancíllæ
tuæ.

Dirupísti víncula mea, *
tibi sacrificábo hóstiam
laudis, et nomen Dómini
invocábo.

Vota mea Dómino red-
dam in conspéctu omnis
pópuli ejus, * in átriis
domûs Dómini, in médio
tuî, Jerúsalem.   Glória.

Ant. Volo, Pater, ut
ubi ego sum, illic sit et
miníster meus.

CAPITULE.

BEATUS vir, qui suffert
tentatiónem : quóniàm
cùm probátus fúerit, ac-
cípiet corónam vitæ,
quam repromísit Deus
diligéntibus se.

HYMNE.

DEUS. tuórum mílitum
Sors, et coróna, præ-
mium, Laudes canéntes
Mártyris Absólve nexu
críminis.

Hic nempe mundi gáu-
dia, Et blanda fraudum
pábula Imbúta felle dé-
putans, Pervénit ad cœ-
léstia.

Pœnas cucúrrit fórti-
ter, Et sústulit viríliter;
Fundénsque pro te sán-
guinem, Ætérna dona
póssidet.

Ob hoc precátu súp-
plici Te póscimus, piís-
sime, In hoc triúmpho
Mártyris Dimitte noxam
sérvulis.

Laus et perénnis glória
Patri sit, atque Filio,
Sancto simul Paráclito,
In sempitérna sécula.

Amen.

℣. Justus ut palma
florébit ;

℟ Sicut cedrus Líbani
multiplicábitur.

A MAG. *Ant* Qui vult
veníre post me, ábneget

semetípsum , et tollat crucem suam , et sequátur me.

CANTIQUE DE LA SAINTE VIERGE.

MAGNIFICAT * ánima mea Dóminum.

Et exultávit spíritus meus , * in Deo salutári meo.

Quia respéxit humilitátem ancíllæ suæ : * ecce enim ex hoc beátam me dicent omnes generatiónes.

Quia fecit mihi magna, qui potens est ; * et sanctum nomen ejus.

Et misericórdia ejus à progénie in progénies, * timéntibus eum.

Fecit poténtiam in bráchio suo : * dispérsit supérbos mente cordis sui.

Depósuit poténtes de sede ; * et exaltávit húmiles.

Esuriéntes implévit bonis ; * et dívites dimísit inánes.

Suscépit Israel púerum suum, * recordátus misericórdiæ suæ.

Sicut locútus est ad patres nostros, * Abraham et sémini ejus in sécula. Glória Patri.

Ant. Qui vult venire post me, ábneget semet-

ípsum, et tollat crucem suam, et sequátur me.

ORÉMUS.

DEUS , qui nos beáti Quintíni Mártyris tui ministério Ecclésiæ tuæ misericórditer aggregásti , quæsumus , ut ejus méritis et précibus , fidem quam nobis annuntiávit, piis opéribus profiténtes , cœléstis étiam glóriæ quam torméntis pro confessióne tui nóminis prom éruit , fácias nos esse partícipes ; Per Dóminum.

Mémoire de la Toussaint.

Ant. Angeli , Archángeli, Throni et Dominatiónes, Principátus et Potestátes , Virtútes cœlórum , Chérubim atque Séraphim , Patriárchæ et Prophétæ , sancti legis Doctóres, Apóstoli, omnes Christi Mártyres , sancti Confessóres, Vírgines Dómini, Anachorétæ, Sanctíque omnes, intercédite pro nobis.

℣. Lætámini in Dómino, et exultáte, justi ;

℟. Et gloriámini, omnes recti corde.

ORÉMUS.

OMNIPOTENS sempitérne Deus, qui nos ómnium Sanctórum tuórum mérita sub una tribuísti celebritáte venerári : quæsumus, ut desiderátam nobis tuæ propitiatiónis abundántiam, multiplicátis intercessóribus, largiáris; Per Dóminum.

Antienne à la Sainte Vierge.

SALVE, Regína, Mater misericórdiæ, vita, dulcédo, et spes nostra, salve. Ad te clamámus éxules Fílii Evæ. Ad te suspirámus geméntes et flentes in hac lacrymárum valle. Eia ergo, Advocáta nostra, illos tuos misericórdes óculos ad nos convérte. Et Jesum benedictum fructum ventris tui, nobis post hoc exílium osténde, O clemens, ô pia, ô dulcis Virgo María.

℣. Orà pro nobis, sancta Dei Génitrix;

℟. Ut digni efficiámur promissiónibus Christi.

ORÉMUS.

OMNIPOTENS sempitérne Deus, qui gloriósæ vírginis matris Maríæ corpus et ánimam, ut dignum Fílii tui habitáculum éffici mererétur, Spíritu sancto cooperánte, præparásti; da ut, cujus commemoratióne lætámur, ejus pia intercessióne, ab instántibus malis et à morte perpétua liberémur; Per eúmdem Christum.

℣. Divínum auxílium máneat semper nobíscum. ℟. Amen.

Pour le salut, voir à la fin de ce petit livre, page 27.

SAINT QUENTIN.

OFFICES DU 2 MAI.

AUX I. VÊPRES.

Comme aux II. Vêpres, page 22, excepté ce qui suit :

Le dernier Psaume sera :
Laudate Dóminum om-nes gentes : * laudáte eum, omnes pópuli.

Quóniam confirmáta est super nos misericórdia ejus, * et véritas Dómini manet in ætérnum.

Glória Patri.

℣. Sancti et justi in Dómino gaudéte, allelúia.

℞. Vos elégit Deus in hæreditátem sibi, allelúia.

A Magnif. *Ant.* Lux perpétua lucébit sanc-tis tuis, Dómine, et ætér-nitas témporum, alle-lúia.

Mémoire des Apôtres Saint Philippe et Saint Jacques.

Ant. Si manséritis in me, et verba mea in vo-bis mánserint, quodcúm-que petiéritis, fiet vobis; allelúia, allelúia, allelúia.

℣. Pretiósa in cons-péctu Dómini, allelúia.

℞. Mors sanctórum ejus, allelúia.

ORÉMUS.

Deus, qui nos ánnua Apostolórum tuórum Philíppi et Jacóbi solem-nitáte lætíficas ; præsta, quæsumus, ut quorum gaudémus méritis, ins-truámur exémplis ; Per.

A LA MESSE.

Comme au 31 octobre, page 11, excepté ce qui suit :

INTROÏT.

Protexisti me, Deus, à convéntu malignán-tium, allelúia; à mul-titúdine operántium ini-quitátem, allelúia, allelúia. *Ps.* Exáudi, Deus, oratiónem meam , cum déprecor : à timóre inimíci éripe ánimam meam. ℣. Glória.

Après l'Epître.

Allelúia, allel. ℣. Confitebúntur cœli mirabília tua, Dómine ; étenim veritátem tuam in ecclésia Sanctórum.

Allelúia , allel. ℣. Posuísti, Dómine, super caput ejus corónam de lápide pretióso. Allelúia.

Après l'Offrande.

Offert. Confitebúntur cœli mirabília tua , Dómine, et veritátem tuam in ecclesia Sanctórum ; allelúia, allelúia.

Comm. Lætábitur justus in Dómino, et sperábit in eo ; et laudabúntur omnes recti corde ; allelúia, allelúia.

AUX II. VÊPRES.

1re *Ant.* Sancti tui, * Dómine , florébunt sicut lílium , allelúia : et sicut odor bálsami erunt ante te, allelúia.

1er PSAUME.

DIXIT Dóminus Dómino meo : * Sede à dextris meis.

Donec ponam inimicos tuos : * scabéllum pedum tuórum.

Virgam virtútis tuæ emíttet Dóminus ex Sion : * domináre in médio inimicórum tuórum.

Tecum principium in die virtútis tuæ, in splendóribus Sanctórum : * ex útero ante lucíferum génui te.

Jurávit Dóminus et non pœnitébit eum : * Tu es Sacérdos in ætérnum, secúndum órdinem Melchísedech.

Dóminus à dextris tuis:* confrégit in die iræ suæ reges.

Judicábit in natiónibus , implébit ruínas; * conquássabit cápita , in terra, multórum.

De torrénte in via bibet : * proptérea exaltábit caput

Glória Patri.

Ant. Sancti tui, Dómine, florébunt sicut lílium, allelúia : et sicut odor bálsami erunt ante te, allelúia.

2e *Ant.* In cœléstibus regnis * sanctórum habitátio est, allelúia : et in ætérnum réquies eórum, allelúia.

2e PSAUME.

CONFITÉBOR tibi, Dómine, in toto corde meo ; * in concílio justórum, et congregatióne.

Magna ópera Dómini, * exquisíta in omnes voluntátes ejus.

Conféssio et magnificéntia opus ejus, * et justítia ejus manet in séculum séculi.

Memóriam fecit mirabílium suórum miséricors et miserátor Dóminus : * escam dedit timéntibus se.

Memor erit in séculum testamenti sui : * virtútem óperum suórum annuntiábit pópulo suo.

Ut det illis hæreditátem géntium , * ópera mánuum ejus, véritas et et judícium.

Fidélia ómnia mandáta ejus, confirmáta in séculum séculi ; * facta in veritáte et æquitáte.

Redemptiónem misit pópulo suo ; * mandávit in ætérnum testaméntum suum.

Sanctum et terribile nomen ejus : * inítium sapiéntiæ timor Dómini.

Intelléctus bonus ómni-bus facientibus eum : * laudátio ejus manet in séculum séculi.

Glória.

Ant. In cœléstibus regnis sanctórum habitátio est, allel. : et in ætérnum réquies eórum , all.

3e *Ant.* In velaménto * clamábant sancti tui Dómine, allel., allel., allel.

3e PSAUME.

BEATUS vir qui timet Dóminum ; * in mandátis ejus volet nimis.

Potens in terrâ erit semen ejus : * generátio rectórum benedicétur.

Glória et divítiæ in domo ejus, * et justítia ejus manet in séculum séculi.

Exórtum est in ténebris lumen rectis ; * miséricors et miserátor et justus.

Jucúndus homo qui miserétur et cómmodat : dispónet sermónes suos in judício ; * quià in ætérnum non commovébitur.

In memóriâ ætérnâ erit justus : * ab auditióne malâ non timébit.

Parátum cor ejus speráre in Dómino , confirmátum est cor ejus : * non commovébitur donec despíciat inimícos suos.

Dispérsit, dedit paupéribus : justítia ejus manet

in séculum séculi, * cornu ejus exaltábitur in glóriâ.

Peccátor vidébit et irascétur, déntibuis suis fremet et tabéscet ; * desidérium peccatórum períbit.

Glória.

Ant In velaménto clamábant sancti tui Dómine, allel., allel., allel.

4e Ant. Spíritus et ánimæ * justórum hymnum dícite Deo nostro, all. all.

4e PSAUME.

LAUDATE púeri, Dóminum, * laudáte nomen Dómini.

Sit nomen Dómini benedíctum, * ex hoc nunc et usque in séculum.

A solus ortu usque ad occásum, * laudabile nomen Dómini.

Excélsus super omnes gentes Dóminus, * et super cœlos glória ejus.

Quis sicut Dóminus Deus noster, qui in altis hábitat, * et humília réspicit in cœlo et in terrâ !

Súscitans à terrâ ínopem, * et de stércore érigens páuperem.

Ut cóllocet eum cum princípibus, * cum princípibus pópuli sui.

Qui habitáre facit stérilem in domo, * matrem filiórum lætántem. Gl.

Ant. Spíritus et ánimæ justórum hymnum dícité Deo nostro, allel., allel.

5c Ant. Fulgébunt justi * sicut sol in conspéctu Dei allelúia.

5e PSAUME.

CRÉDIDI, propter quod locútus sum : * ego autem humiliátus sum nimìs.

Ego dixi in excéssu meo : * Omnis homo mendax.

Quid retríbuam Dómino * pro omnibus quæ retríbuit mihi ?

Cálicem salutáris accípiam, * et nomen Dómini invocábo.

Vota mea Dómino reddam coram omni pópulo ejus : * pretiósa in conspéctu Dómini mors sanctórum ejus.

O Dómine, quià ego servus tuus : * ego servus tuus, et fílius ancíllæ tuæ.

Dirupísti vincula mea, * tibi sacrificábo hóstiam laudis, et nomén Dómini invocábo.

Vota mea Dómino reddam in conspéctu omnis pópuli ejus, * in átriis domûs Dómini, in médio tuî, Jerúsalem.

Glória Patri,

Ant. Fulgébunt justi sicut sol in conspéctu Dei, allelúia.

CAPITULE.

STABUNT justi in magnâ constántiâ advérsus eos qui se angustiavérunt, et qui abstulérunt labóres eórum.

HYMNE.

DEUS tuórum militum Sors, et coróna, præmium, Laudes canéntes Mártyris Absólve nexu críminis.

Hic nempe mundi gáudia, et blanda fraudum pábula Imbúta felle députans, Pervénit ad cœléstia.

Pœnas cucúrrit fórtiter, Et sústulit viríliter; Fundénsque pro te sánguinem, Ætérna dona póssidet.

Ob hoc precátu súpplici Te póscimus, piíssime, In hoc triúmpho Mártyris Dimítte noxam sérvulis.

Deo Patri sit glória, Et Fílio, *qui* à mórtuis Surréxit, ac Paráclito, In sempitérna sécula.

Amen

℣. Pretiósa in conspéctu Dómini, allelúia.

℟. Mors sanctórum ejus, allelúia.

A Mag. *Ant.* Sancti et justi * in Dómino gaudéte, allel. : vos elégit Deus in hæreditátem sibi, allel.

CANTIQUE DE LA SAINTE VIERGE.

MAGNÍFICAT * ánima mea Dóminum.

Et exultávit spíritus meus, * in Deo salutári meo.

Quià respéxit humilitátem ancíllæ suæ : * eccè enim ex hoc beátam me dicent omnes generatiónes.

Quià fecit mihi magna, qui potens est ; et sanctum nomen ejus.

Et misericórdia ejus à progénie in progénies, * timéntibus eum.

Fecit poténtiam in bráchio suo : * dispérsit supérbos mente cordis sui.

Depósuit poténtes de sede ; * et exaltávit húmiles.

Esuriéntes implévit bonis ; * et dívites dimísit ináues.

Suscépit Israel púerum suum, * recordátus misericórdiæ suæ.

Sicut locútus est ad patres nostros, * Abraham et sémini ejus in sécula.

Glória Patri.

Ant. Sancti et justi in Dómino gaudéte, allel. :

vós elégit Deus in hære-
ditátem sibi, allel.

ORÉEUS.

Deus, qui nos beáti Quintíni Mártyris tui ministério Ecclésiæ tuæ misericórditer aggregás-ti, quæsumus, ut ejus méritis et précibus, fi-dem quam nobis annun-tiávit, piis opéribus pro-filéntes, cœléstis étiam glóriæ quam torméntis pró confessióne tui nó-minis promér uit, fácias nos esse partícipes ; Per Dóminum.

Mémoire de l'Invention de là Sainte Croix.

Ant. O Crux splendí-dior cunctis astris, mundo célebris, homínibus mul-tum amábilis, sánctior univérsis; quæ sola fuísti digna pórtáre taléntum mundi ; dulce lignum, dulces cla vos, dúlcia fe-rens póndera, salva præ-séntem catérvam in tuis hódie láudibus congregá-tam, allel., allel.

℣. Hoc signum Crucis erit in cœlo, allel.

℟. Cum Dóminus ad judicándum vénerit , all.

ORÉMUS.

Deus, qui in præclára salutíferæ Crucis In-ventióne, passiónis tuæ mirácula suscitásti ; con-céde, ut vitális ligni pré-tio ætérnæ vitæ suffrágia consequámur ; Qui vivis.

Antienne à la Sainte Vierge.

Regína cœli, lætáre, allelúia,

Quià quem meruísti portáre, allelúia,

Resurréxit sicut dixit, allelúia.

Ora pro nobis Deum, allelúia.

℣. Gaude et lætáre, Virgo Maria, allelúia.

℟. Quià surréxit Dó-minus verè, allelúia.

ORÉMUS

Deus, qui per Resur-rectiónem Filii tui Dó-mini nostri Jesu Christi mundum lætificáre di-gnátus es ; præsta, quæ-sumus, ut per ejus geni-trícem Vírginem Maríam perpétuæ capiámus gáu-dia vitæ; Per eúmdem.

℣. Divínum auxílium máneat semper nobís-cum. ℟. Amen.

AU SALUT.

A l'Exposition du Saint Sacrement.

O SALUTARIS Hóstia, Quæ
cœli pandis óstium,
Bella premunt hosti-
lia, Da robur, fer auxí-
lium.

Prose de Saint Quentin.

VICTIS cruciátibus,
Quintinum suspícite,
Palmis et victrícibus
Adornátum cánite.

Magnánimus impiæ
Deos gentis déjicit,
Pópulos et Galliæ
Christo palàm imbuit.

Repétitæ vérberum
Non detérrent grándines,
Non rimántes víscerum
Fibras unci péctines.

Ad triúmphos évolat
Truces per equúleos :
Flagrans amor súperat
Rotas et acúleos.

Frustra lictor crátibus
Sulcat penetrália ;
Frustra scissis cárnibus
Admovet incéndia.

Deus intra lóquitur,
Et urit et stímulat :
Réfovet dum pátitur,
Et luctántem bájulat.

Vinci Præses nésciens,
Postquam minas ácuit,
Mox falláci blandiens
Arte vocem mólliit.

At immóto péctore
Martyr nusquam fléctitur,
Pœnis, dato córpore,
Nec promíssis frángitur.

Urge, para, cárnifex,
Rotas, clavos, úngulas ;
Et tu, ferox ártifex,
Grandes apta súbulas.

Terebrándi súdibus
Ecce patent húmeri ;
En caput sub íctibus
Enses metant ásperi.

Torta vinctus bráchia
Si membrátim véllitur,
Fídei constántia
Végetat, nec læditur.

Si potu mortífero
Linguam tortor ínficit,
Ore tamen líbero
Laus Dei non déficit.

Quo rábies éffera ?
Cérebrum transfigitur,
Lancinántur látera,
Corpus totum fóditur.

Mox vitæ rellíquias
Detruncátus réddidit,
Quem post tot victórias
Deus astris cóndidit.

Sed quid adhuc mórtuum
Impetit crudélitas ?
Salo tradens flúctuum
Artes quærit írritas.

Triumphántem sánguine
Dum coronant cœlites,
Alto mersum flúmine
Venerántur gúrgites.

Cumque tuis nútibus
Unda reddit hóspitem,
Christe, coruscántibus
Signis monstras mílitem.

Súpplices huc véniunt
Dare vota sínguli,
Hunc patrónum ámbiunt
Et reges et pópuli.

O QUINTINE, lúcido
Juva nos ab æthere;
Fac, et igne férvido
Quo flagras, ardéscere!

Núminis ad sólium
Stans orátor, vúlnera
Fac sanári córdium,
Et reclúdi sídera.

Amen.

℣. Dóminus vobíscum;
℟. Et cum spíritu tuo.

ORÉMUS.

DEUS, qui nos beáti Quintíni Mártyris tui ministério Ecclésiæ tuæ misericórditer aggregásti, quæsumus, ut ejus méritis et précibus, fidem quam nobis annuntiávit, piis opéribus profiténtes, cœléstis étiam glóriæ quam torméntis pro confessióne tui nóminis proméruit, fácias nos esse partícipes; Per.

Si le Salut se fait le soir, on chantera ici Magnificat avec l'Antienne des Vêpres, et ensuite Salve, ou Regina.

Avant la Bénédiction.

TANTUM ergo Sacraméntum Venerémur cérnui, Et antíquum documéntum Novo cedat rítui : Præstet fides suppleméntum Sénsuum deféctui.

Genitóri Genitóque Laus et jubilátio, Salus, honor, virtus quoque Sit et benedíctio; Procedénti ab utróque Compar sit laudátio.

Amen.

℣. Panem de cœlo præstitísti eis, (allelúia).
℟. Omne delectaméntum in se habéntem, (allelúia).

ORÉMUS.

DEUS, qui nobis sub Sacraménto mirábili Passiónis tuæ memóriam reliquísti : tríbue, quæsumus, ita nos Córporis et Sánguinis tui sacra mystéria venerári ; ut redemptiónis tuæ fructum in nobis júgiter sentiámus; Qui vivis et regnas Deus.

℟. Amen.

On chante trois fois : Sancte Quíntine, ora pro nobis.